QUELQUES OBSERVATIONS

AU SÉNAT

A PROPOS DE LA PÉTITION A. LE MIRE

PARIS

IMPRIMERIE DE L. TINTERLIN ET Cᵉ

rue Neuve-des Bons-Enfants, 3.

QUELQUES OBSERVATIONS

AU SÉNAT

A PROPOS

DE LA PÉTITION A. LE MIRE

PARIS

E. DENTU, LIBRAIRE-ÉDITEUR

13, PALAIS-ROYAL, GALERIE D'ORLÉANS

——

1860

QUELQUES OBSERVATIONS

AU SÉNAT

A PROPOS DE LA PÉTITION A. LE MIRE

Il vient de paraître imprimé un écrit signé A. LE MIRE, officier de la Légion d'honneur, membre du Conseil municipal et du Conseil d'arrondissement de Rouen, président de la Chambre de commerce de la même ville, intitulé :

PÉTITION AU SÉNAT,

tendant à demander l'émission d'une loi qui punisse, comme vol, toute contrebande, toute fausse déclaration et autres manœuvres frauduleuses ayant pour but de se soustraire au payement des droits et impôts votés par les lois.

'En voici le texte :

A MONSIEUR LE PRÉSIDENT

ET

A MESSIEURS LES MEMBRES DU SÉNAT.

MESSIEURS LES SÉNATEURS,

Dans l'intérêt de la morale publique aussi bien que dans celui du Trésor, dans l'intérêt même de l'industrie et du commerce, je viens faire un appel à la haute initiative que la Constitution vous confère, et vous prier, Messieurs les Sénateurs, de vouloir bien proposer au Gouvernement de l'Empereur une loi ayant pour but de faire cesser toutes les manœuvres frauduleuses dont on use aujourd'hui pour frustrer le Trésor d'une partie des droits ou impôts qui lui sont légalement attribués.

Nul ne se fait un scrupule, en achetant une propriété, de dissimuler le véritable prix d'acquisition, afin, dit-on, d'économiser les frais d'enregistrement; lorsqu'un agent des contributions se présente chez un propriétaire ou un locataire pour fixer l'impôt territorial d'après le revenu de la propriété, c'est à qui dissimulera le mieux le prix de la location ; l'administration des douanes et des contributions indirectes n'est-elle pas chaque jour, au détriment même du commerçant loyal, victime de fraudes qui lui enlèvent une partie des droits dus au Trésor? Les contrebandiers eux-mêmes, et surtout leurs complices, ne prennent-ils pas aussi une large part dans ce pillage général du Trésor public?

On compterait par millions de francs, chaque année, le produit de toutes ces sortes de fraudes.

Il semble admis en principe que la caisse de l'État étant la propriété de tous, chacun peut y puiser sans scrupule.

Cependant, si un individu enlève quelque monnaie de la caisse d'un receveur des finances, la police correctionnelle est là pour réprimer ce vol; mais si ce même individu, par des manœuvres frauduleuses, retient à son profit une somme due au Trésor, fût-elle cent fois plus forte, dans ce cas il est un honnête homme et il peut marcher la tête haute sans craindre les atteintes de la justice.

Dans les deux cas, cet homme n'est cependant qu'un voleur.

Il est vrai que la loi, beaucoup trop tolérante, punit ces sortes de délits par des amendes; mais qu'arrive-t-il? Quand un homme est en défaut, il est appelé dans le cabinet d'un fonctionnaire; on y discute à huis clos l'importance de l'amende, et le délinquant sort de là, ayant versé dans la caisse du Trésor une somme insignifiante, mais avec l'intention de recommencer le lendemain, parce qu'il espère être plus adroit une autre fois, et qu'après tout une amende le touche peu.

Si ce délinquant était conduit en police correctionnelle, et ne sortait de l'audience qu'avec la qualification de voleur qui lui est due, on peut être certain qu'il ne recommencerait plus et que son exemple n'aurait pas d'imitateurs.

Le Gouvernement de 1848 avait eu le projet de faire rendre un décret qui aurait déclaré vol toute manœuvre frauduleuse ayant pour but de frustrer le Trésor d'un impôt voté par les lois.

Cette idée n'ayant pas abouti dans le temps, je viens la reproduire devant vous, Messieurs les Sénateurs, et la soumettre à la sagesse de vos délibérations.

Une loi de ce genre viendrait aujourd'hui fort à propos, au moment où les réformes économiques qui se préparent vont ouvrir un vaste champ aux fraudeurs et aux contrebandiers.

La tentation sera grande lorsqu'il s'agira de se soustraire au payement d'un droit d'entrée de 30 0/0 sur les produits étrangers, et plus d'un commerçant pourra s'y laisser aller, si la loi qui punit ces sortes de délits n'est pas très-sévère.

Si le contrebandier portefaix est un des coupables, le commerçant qui le fait agir et qui reçoit la marchandise de contrebande, mérite encore plus d'être atteint par toute la sévérité des lois ; car, en matière de vol, s'il n'y avait pas de recéleurs, il y aurait moins de voleurs.

En vue d'assurer la sincérité des déclarations pour la perception des droits *ad valorem* sur les marchandises anglaises à introduire en France, d'après le traité, il est question d'appliquer le système de la préemption ; mais il est à craindre que l'alternative d'une préemption avec une prime de 5 ou 10 0/0 n'arrête pas les fraudeurs, parce que cette pénalité n'est pas grande.

Il n'en serait pas de même si une fausse déclaration dans le prix de facture d'une marchandise à introduire était poursuivie, comme une tentative de vol, en police correctionnelle ; car la crainte d'une peine déshonorante aurait une puissante action préventive.

En proposant de poursuivre, comme vol, devant les tribunaux correctionnels, toute fraude commise pour se soustraire au paiement d'un droit ou d'un impôt, je n'entends pas par là fournir aux agents du fisc de nouvelles armes pour tracasser inutilement les contribuables.

Ma pensée n'est pas qu'on aura le droit de conduire en police correctionnelle un citoyen, par cela seul qu'il aura manqué à une de ces nombreuses formalités qui sont prescrites par les administrations financières.

Il faudra, non-seulement pour qu'il y ait condamnation, mais même, pour citer un individu devant le tribunal, que l'omission ait été commise sciemment et en vue de frauder les droits du Trésor.

Ce sera donc à la sagesse des administrations de bien apprécier les faits, après avoir entendu l'inculpé, afin de ne pas mettre un citoyen honorable dans le cas d'avoir à se défendre d'une prévention de vol, lorsqu'il n'aurait commis qu'un oubli ou une erreur involontaire.

Voici, Messieurs les Sénateurs, ce que je proposerais d'édicter en forme de loi :

« Toute fraude ou contrebande, toute fausse déclaration et

« toute autre manœuvre faite sciemment, en vue de frauder les
« droits et impôts de tout genre accordés par les lois à l'État et
« aux villes, constituent un vol.

« Les délits ce ce genre seront jugés par les tribunaux correc-
« tionnels, conformément aux articles 379 et 401 du Code pénal.

« Les officiers ministériels et tous autres qui auraient participé
« à ces sortes de fraudes, ou qui en auraient profité, seront pour-
« suivis comme complices, conformément aux articles 59 et sui-
« vants du Code pénal. »

Je suis avec respect,

Messieurs les Sénateurs,

Votre très-humble et très-obéissant serviteur,

Armand LE MIRE.

Rouen, 25 avril 1860.

En lisant cette pétition, longuement motivée, accom-
pagnée d'un grand luxe de considérants, invoquant, d'un
style pompeux, les principes de la morale publique, les
intérêts du Trésor, du commerce et de l'industrie, on se
demande si, véritablement, il n'y a pas de témérité à venir
combattre celui qui se pose comme le champion de l'équité
et le redresseur des lois.

Il y a une certaine habileté à se poser ainsi.

Se faire admettre comme le gardien des deniers de

l'État, comme le protecteur de l'honnêteté commerciale, comme l'agent répressif de la fraude, du mensonge, des manœuvres iniques ; s'insinuer le défenseur des consciences pures et le pourfendeur de la mauvaise foi : c'est dire à ceux qui n'admettent pas vos intentions comme légitimes, vos théories comme praticables : Si vous attaquez mes opinions, mes idées, c'est que vous êtes vous-même un fraudeur et sous le coup de l'abus que je me propose de réprimer.

Nous comprenons toute l'adresse dont on a fait preuve, en se plaçant sur ce piédestal ; mais nous ne sommes pas dupe de cette manœuvre, et nous nous méfions de ceux qui s'arrogent le monopole de la probité.

Nous n'avons pas d'ailleurs la pensée d'incriminer les intentions du pétitionnaire ; mais nous voulons démontrer le danger de son rigorisme, en matière de répression, et surtout l'impossibilité d'application de ses utopies, au point de vue de la législation existante et raisonnable.

L'auteur, à son début, n'est pas heureux dans le choix des exemples qui doivent servir à la démonstration de son principe.

« Lorsqu'un agent des contributions se présente chez
« un propriétaire ou locataire, pour fixer l'impôt territo-
« rial, d'après le revenu de la propriété, c'est à qui dissi-
« mulera le mieux le prix de la location, etc., etc. »

Mais, si nous ne nous trompons, la déclaration du propriétaire ou du locataire n'est demandée qu'à titre de renseignement, et les répartiteurs commissionnés pour l'estimation ne sont pas tenus de s'en rapporter au dire de l'occupant. Évidemment, si aucun contrôle n'existait, si aucune vérification n'était possible, alors, on pourrait, peut-être, sévir avec plus de rigueur. Mais lorsque la déclaration n'est pas exacte, le Trésor, s'il est frustré, ne peut et ne doit, en bonne justice, en vouloir qu'à ses agents, qui ont négligé, dans l'exercice de leurs fonctions, de s'entourer de tous les renseignements propres à éclairer leur religion et à sauvegarder l'intégrité de la perception confiée à leurs soins. C'est donc plutôt une négligence des employés, qu'une fraude de la part du contribuable, lequel peut, dans certains cas, être mauvais appréciateur de la valeur de sa propriété.

Non-seulement un fait semblable ne peut-être assimilé à un vol ; mais encore il y a loin de l'action d'un propriétaire interrogé sur le prix de son bien, répondant d'une manière évasive peut-être, mais n'ayant aucun ascendant, ni sur les répartiteurs, ni sur le contrôleur des contributions directes préposé à l'évaluation des impôts fonciers, à cette contrebande qui se promène l'arme au poing, le fusil sur l'épaule, et ne recule même pas devant le meurtre, pour échapper à une arrestation.

Mais Monsieur Le Mire va plus loin dans ses rapprochements, qui rappellent parfois les naïvetés de M. de la

Palisse : « S'il n'y avait pas de recéleurs, il y aurait moins
« de voleurs. » Pour lui, celui qui a fait une déclaration
fausse, inexacte ou incomplète, ou celui qui a dévalisé
une maison, c'est la même chose : « c'est un voleur. »

Ainsi, la nuit, je m'introduis chez l'estimable président
de la chambre de Commerce, je bouleverse ses papiers, je
prends son argenterie, les bijoux de sa femme, je force
sa caisse, je m'empare de son portefeuille, je le place dans
l'impossibilité de faire face à une échéance prévue, je mets
son crédit en suspicion, j'emporte même (par erreur) le
manuscrit de son excentrique pétition au Sénat ; — ou, par
une déclaration inexacte en matière de douane, d'enregistrement, de contributions indirectes ou d'octroi, je vais, en
admettant toutefois une confiance aveugle de la part des
employés chargés des vérifications, frustrer le Trésor d'une
somme insignifiante : — dans ces deux cas, « je suis un
voleur » et au même degré ; je suis passible des mêmes
pénalités.

Mais il y a quelque chose de bien plus fort ; et qu'on ne
prenne pas ce que je vais dire pour une plaisanterie, c'est
une conséquence naturelle des aménités de Monsieur
Le Mire.

Il s'agit ici, il est vrai, des droits de la commune ; mais,
en somme, ils sont au moins aussi respectables que ceux
de l'État. — Vous vous rendez à la mairie, vous déclarez
un chien de garde, vous savez mieux que personne quelle
est son utilité ou son emploi. Cependant, les agents prépo-

sés à la vérification trouvent votre quadrupède un animal de luxe ; et, au lieu d'encourir, comme la loi spéciale le comporte, l'amende du double droit, vous allez, sous l'empire de la législation A. Le Mire, en police correctionnelle ; vous tombez sous l'application de l'article 401 du Code pénal, lequel édicte les peines suivantes, que nous croyons utile de rappeler ici, pour montrer jusqu'où vont la bienveillance et la sollicitude du pétitionnaire pour le commerce, dont il est un des représentants :

1° Emprisonnement d'un an à cinq ans ;

2° Amende de 16 francs à 500 francs ;.

3° Interdiction des droits mentionnés en l'article 42 (1) pendant une durée de cinq à dix ans, à partir de l'expiration de la peine encourue ;

4° Surveillance de la haute police pendant le même nombre d'années.

Si nous rapprochons de ces peines celles dont la loi punit les escrocs, nous verrons que ces derniers, c'est-à-dire ceux que la société repousse de son sein, ceux, enfin, qui sont notés d'infamie par l'opinion publique, sont traités avec

---

(1) ART. 42. — « Les tribunaux jugeant correctionnellement pourront, dans « certains cas, interdire, en tout ou en partie, l'exercice des droits civiques, civils « et de famille suivants : 1° de vote et d'élection ; 2° d'éligibilité ; 3° d'être appelé « ou nommé aux fonctions de juré ou autres fonctions publiques, ou aux emplois « de l'administration, ou d'exercer ces fonctions ou emplois ; 4° du port d'armes ; « 5° de vote et de suffrages dans les délibérations de famille ; 6° d'être tuteur, « curateur, si ce n'est de ses enfants et sur l'avis seulement de la famille ; « 7° d'être expert ou employé comme témoin dans les actes ; 8° de témoignage « en justice, autrement que pour y faire de simples déclarations. »

plus de douceur. (Articles 402 et 405 du Code pénal , livre 3, chapitre 2.)

On se démande si le pétitionnaire est ou a été commerçant lorsqu'on lit son œuvre ; car il paraît ignorer quelles conséquences désastreuses, si ses données étaient admises, dériveraient naturellement des rigueurs auxquelles tout le monde serait exposé, même avec la plus sincère bonne foi. Il a beau dire : « Qu'il n'entend « pas fournir aux agents du fisc de nouvelles armes pour « tracasser inutilement les contribuables ; » nous prétendons, nous, et nous espérons le prouver, qu'avec un tel système il serait impossible de se soustraire aux nouvelles pénalités, et que, le plus souvent, à cause des formalités sans nombre qui accompagnent les transactions sur les marchandises sujettes aux impôts ou aux droits, on ne pourrait distinguer la fraude de l'erreur.

Les administrations financières, à la sagesse et à l'appréciation desquelles vous prétendez vous en rapporter, n'admettent jamais d'erreurs, et, par conséquent, regardent toutes déclarations inexactes, comme ayant été pratiquées au point de vue de la fraude. Bien plus, le gouvernement n'est pas, en matière de régie, responsable des erreurs de ses agents.

La réglementation proposée changerait en outre la nature des responsabilités.

Qu'un employé dans une maison de commerce vienne à commettre une infraction aux règlements qui régissent la matière fiscale ; le patron paye l'amende, tout est dit ; et cette responsabilité pécuniaire, suivie souvent de la confiscation de la marchandise, objet de la contravention, est, ce nous semble, assez lourde, pour une faute indépendante de sa volonté personnelle. Mais, sous le nouveau régime, un commis qui croirait avoir à se plaindre de son maître, pourrait, sous l'influence de mauvais instincts, ou d'un désir de vengeance, en donnant une déclaration inexacte, traîner en police correctionnelle, et faire condamner à une peine infamante un négociant honorable qui n'aurait pour tout moyen de se disculper, que de protester de sa bonne foi ; et nous savons que devant un tribunal qui accuse preuves en mains, cette unique ressource est insuffisante.

Le pétitionnaire assure qu'il ne veut pas « mettre un « citoyen honorable dans le cas d'avoir à se défendre d'une « prévention de vol, lorsqu'il n'aurait commis qu'un oubli « involontaire; » qu'il nous dise donc quel moyen servira à distinguer l'oubli de la fraude ; qu'il nous indique, mais d'une manière certaine, quelle sera la sécurité du commerçant, contre des interprétations arbitraires, contre des procès iniques, contre des répressions hors de toute proportion avec le délit; qu'il nous dise enfin quelles seront nos garanties contre l'injustice et le mauvais vouloir, et nous admettrons avec lui que toute frustration des impôts dus au Trésor doit être poursuivie par des peines sévères.

Si le projet élaboré sous le gouvernement de 1848 n'a

pas *abouti*, comme le dit poétiquement M. Le Mire, c'est
évidemment parce que le pouvoir qui lui a succédé, à
compris qu'une loi n'est véritablement bonne et équitable
que lorsqu'elle peut frapper toujours juste, et qu'en
atteignant le coupable elle ne risque jamais de condamner l'innocent.

La pétition de Monsieur le président de la Chambre de
commerce a surtout ce côté défectueux, c'est qu'elle ren-
verse l'équilibre que la sagesse du législateur s'est efforcé
de maintenir entre la rigueur des peines et la gravité des
délits ; c'est que, par une confusion irréfléchie, déplorable,
elle met sur un pied d'égalité la contravention et le crime,
la fraude et le vol, le forfait et le mensonge, la duplicité et
l'erreur. Elle détruit, en un mot, la base fondamentale de la
justice. Elle porte, en outre, atteinte à toute l'économie de
notre législation fiscale, elle applique les peines criminelles
à des faits, punissables, sans doute, mais justiciables surtout
de l'opinion publique, qui les condamne sans les flétrir.

Il y a, dans tout ce qui se rattache à notre société, quelque chose qui accuse l'imperfection des membres qui la
composent ; aussi, les lois qui la régissent sont faites pour
diminuer les méfaits qui se produisent, mais jamais elles
n'ont eu la prétention de les supprimer ; c'est ce que
M. Le Mire n'a pas compris, ou ce qu'il n'a pas voulu com-
prendre. Si, dit-il, en poursuivant son assimilation, « le
« délinquant était conduit en police correctionnelle et ne
« sortait de l'audience qu'avec la qualification de voleur,

« qui lui est due, on peut être certain qu'il ne recommen-
« cerait plus, et que son exemple n'aurait pas d'imi-
« tateurs. »

Pourquoi ne pas demander de suite la réclusion perpé-
tuelle ou les travaux forcés à vie, voire même la peine ca-
pitale : on serait bien plus certain encore que le même
individu ne recommencerait pas. Si elle était ridicule, cette
conclusion serait au moins d'une logique inattaquable, et
garantirait en même temps une sécurité complète pour les
scrupules prétentieux du pétitionnaire.

M. le président de la Chambre de commerce de Rouen
trouve la loi beaucoup trop tolérante, parce qu'elle ne punit les infractions que de l'amende.

« Quand un homme en défaut est appelé dans le cabinet
« d'un fonctionnaire, on y discute à huis-clos l'impor-
« tance de l'amende, et le délinquant sort de là, ayant
« versé dans la caisse du Trésor une somme insigni-
« fiante, etc., etc. »

On serait tenté de croire qu'il n'a jamais lu un seul des
innombrables règlements qui traitent des douanes, des
contributions indirectes et des octrois : s'il en était autrement, il saurait que souvent cette amende peut être une
punition énorme en comparaison de la fraude commise ; il
verrait que, pour l'octroi de Rouen, par exemple, un individu qui déclarerait à l'entrée une perdrix qui paye vingt

centimes, comme pigeon, qui ne paye que quinze centimes,
encourrait une légère amende de 100 à 200 francs selon
l'article 4 (1) du paragraphe.

Nous n'avons pas l'intention d'accumuler les citations.
Toutes seraient à peu près semblables, attendu que les lois
fiscales partent du même principe et tendent vers le même
but.

Il suffit de parcourir les recueils qui concernent ces
matières, et tout ce qui se rattache au règlement de perception des droits et impôts payés au gouvernement, pour être
convaincu que celui-ci a pris ses précautions pour faire
rentrer, dans les limites du possible, tout ce qui lui est dû.
Il a choisi un terme moyen entre une trop grande sévérité,
que repoussent nos mœurs, et une tolérance coupable, qui
porterait préjudice à cette bourse commune qu'on nomme
le fisc. Il ne cherche pas à intimider, par des pénalités
draconiennes; mais il a organisé des moyens de surveillance et de vérification tels, que les rares fraudes qui se
commettent, sont à l'instant reprimées et punies d'une
amende toujours plus forte que le bénéfice présumé de la
contravention.

Monsieur Le Mire aurait la prétention de transformer un

---

(1) « Tout porteur ou conducteur d'objets assujétis aux droits d'octroi sera
« tenu, avant de les introduire, d'en faire la déclaration au bureau, de produire
« les congés, acquits-à-caution, passavants, ainsi que les lettres de voiture, con-
« naissements, chartes-parties ou toutes expéditions qui les accompagnent, *et
d'acquitter les droits si les objets sont destinés à la consommation du lieu, sous
peine de la confiscation desdits objets et d'une amende de* 100 *à* 200 *francs.* »

directeur des douanes en procureur-général, un inspecteur des contributions indirectes en procureur impérial, un chef de l'octroi en substitut. Nous sommes forcé d'avouer que nous ne comprenons pas la nécessité d'une pareille mutation. La justice a besoin, il est vrai, d'une certaine roideur qui ne transige pas; d'ailleurs, le texte de la loi écrite est là; et il faut le suivre à la lettre afin de donner aux faits de même nature une jurisprudence commune.

Il n'en est pas de même des lois fiscales. Les fraudes peuvent se produire sous divers aspects, par contraventions, désobéissances, omissions, négligences dans l'accomplissement des formalités; et encore faut-il remarquer que ces formalités varient à l'infini, selon les matières imposables, selon même les localités où elles ont lieu. La transaction qui se fait dans ce cas entre l'inculpé et le fonctionnaire, et contre laquelle se récrie M. Le Mire, est donc indispensable, puisque l'employé est seul juge compétent de l'importance de l'infraction, des circonstances atténuantes ou aggravantes qui en ont accompagné la perpétration; et que la somme de l'amende infligée a pour base la culpabilité plus ou moins palpable du délinquant, et ses intentions plus ou moins avouées ou reconnues.

Il y a cette différence entre les lois criminelles et les lois spéciales, que, pour les premières, le fait est le point de départ de la culpabilité; pour les autres, au contraire, c'est l'intention soupçonnée.

L'auteur de cette pétition a bien senti où l'entraînait

fatalement son système de répression ; aussi se prépare-t-il une espèce de justification devant l'opinion publique, par les paragraphes suivants, qui démontrent que lui-même a reconnu l'impossibilité de ce qu'il demande au Sénat.

« Ma pensée n'est pas qu'on aura le droit de conduire en
« police correctionnelle un citoyen, par cela seul qu'il aura
« manqué à une de ces nombreuses formalités qui sont
« prescrites par les administrations financières.
« Il faudra, non-seulement pour qu'il y ait condamna-
« tion, mais même pour qu'on puisse citer un individu
« devant le tribunal, que l'omission ait été commise sciem-
« ment et en vue de frauder les droits du trésor.
« Ce sera donc à la sagesse des administrations de bien
« apprécier les faits, etc., etc. »

Cet aveu d'impuissance aurait dû arrêter Monsieur le président de la Chambre de commerce de Rouen, et lui faire regarder comme suffisantes les prescriptions de la loi du 22 août 1791, qui a réorganisé les douanes, et de la loi du 18 avril 1816 sur les contributions indirectes.

Mais cette supplique au premier pouvoir de l'État est bien moins un cri de la conscience qu'une occasion dont on a profité pour exhaler un restant d'humeur contre le *libre-échange ;* cependant, à ce point de vue encore, le pétitionnaire aurait tort, selon nous. Le gouvernement ne

peut manquer, en ce qui concerne notre traité avec l'An-
gleterre, de prendre des précautions efficaces pour garan-
tir la sincérité des déclarations de douane. Le système de
la préemption suffira pour écarter les contraventions. Dans
tous les cas, ce ne sont pas seulement les intérêts du commerce ; mais encore ceux du Trésor qui sont en jeu, et ce
serait s'abuser étrangement que de croire que l'autorité
n'assurera pas, par des mesures sagement combinées, l'in-
tégralité des impôts qui lui sont dus sur les marchandises
introduites en France.

Il n'est personne, commerçant ou propriétaire, qui
n'ait eu, dans sa vie, affaire aux agents du fisc, et qui ne
se soit plaint, à tort ou à raison, de leur rigidité en matière
de formalité ou de perception. M. Le Mire est peut-être
le seul qui les trouve trop tolérants.

Les fonctionnaires sont assermentés, par conséquent ils
sont crus sur parole ; il leur serait donc facile, avec le
système préconisé, de nous conduire devant cette police
correctionnelle dont on nous menace et de changer
l'amende en peine déshonorante sans, pour ainsi dire, que
nous pussions nous défendre. Nous pensons que les employés y regarderaient à deux fois, avant de recourir à une
extrémité aussi fâcheuse ; mais nous n'en serions pas moins
à leur merci.

Les déclarations inexactes, les fraudes, ne peuvent être
assimilées, raisonnablement, qu'aux soustractions com-
mises parmi les membres d'une même famille, et à ce

titre, ne doivent donner lieu qu'à des réparations civiles.
(article 380 du Code pénal, livre 3, chapitre 2.)

Ne sommes-nous pas tous les membres de cette grande
famille qu'on nomme l'État, auquel nous sommes condamnés à faire, notre vie durant, selon nos ressources
et notre position, une pension alimentaire? Et essayer de
se soustraire à cette redevance que nous prenons sur le
plus clair des bénéfices amassés à la sueur de notre front,
constitue-t-il un délit aussi grave que de s'approprier le
bien d'autrui?

Évidemment un tel raisonnement est inacceptable.

Montesquieu a dit : « La multiplicité des lois chez les
« peuples est un signe de la dépravation des mœurs. »

Monsieur le président de la Chambre a-t-il voulu, en
abrogeant les lois qui, en matière de fiscalité, règlent les rap
ports des contribuables avec le gouvernement. en reportant
tout au Code criminel, supprimer un des signes de décadence de l'humanité? Il ne nous est pas donné de connaître
son secret; mais, à coup sûr, le commerce ne lui saura
jamais gré de cet appel inconsidéré à des sévérités et des
rigueurs inutiles.

Peut-être aurions-nous admis une pareille pétition, de
ces rêveurs incompris, qui se font misanthropes pour se
venger du dédain avec lequel le public accueille leurs
théories ; mais du président de la Chambre de commerce
d'une grande ville, de celui auquel toute une cité industrielle et marchande a confié le soin de ses intérêts, nous

avouons que de pareilles tendances nous paraissent incompatibles avec les fonctions électives dont ses concitoyens l'ont honoré.

Cependant, loin de nous la pensée de prétendre qu'en remplissant les fonctions qu'on tient de l'estime de ses concitoyens, on soit dans l'obligation d'abdiquer ses opinions personnelles ; mais nous ne croyons pas qu'il soit besoin non plus de viser à l'incorruptible, et, travestissant ce pauvre Mercure que l'antiquité nous a transmis comme l'emblème du commerce, de l'assimiler à ce Bertrand aux longues poches, le célèbre associé de Robert-Macaire, et de requérir les gendarmes.

Nous avons eu des terreurs politiques, la terreur rouge de 93, la terreur blanche de la Restauration ; la terreur commerciale n'était pas encore trouvée ; Monsieur A. Le Mire en est l'inventeur. Nous espérons que, pour son brevet, il n'obtiendra pas la garantie du Gouvernement.

Monsieur Le Mire était sans doute sous l'influence d'une fâcheuse disposition d'esprit lorsqu'il a formulé sa demande. Cette pétition est donc sans valeur, et nous sommes persuadé que Messieurs les Sénateurs ne verront dans cette élucubration originale, qu'une boutade d'humoriste, et rien de plus.